Schön, dass es dich gibt!
25 Glücksgedanken für dich

von Bettina Lotter

Bettina Lotter

Schön, dass es dich gibt!

25 Glücksgedanken für dich

Impressum

Bibliografische Information der Deutschen Nationalbibliothek:
Die Deutsche Nationalbibliothek verzeichnet diese Publikation in der
Deutschen Nationalbibliografie; detaillierte bibliografische Daten sind im
Internet über http://dnb.dnb.de abrufbar.

2. Auflage

© 2023 Bettina Lotter

Lektorat und Korrektorat: Bettina Lotter

Herstellung und Verlag: BoD – Books on Demand, Norderstedt

ISBN: 978-3-7568-8923-5 (Druckausgabe)

ISBN: 978-3-7578-6396-8 (E-Book)

Die Autorin

Bettina Lotter ist nebenberuflich selbstständige Resilienztrainerin (ALH), Coach und Autorin. Seit Jahren beschäftigt sie sich intensiv mit den Themen Resilienz, Stressbewältigung und positive Psychologie. Sie macht Mut und inspiriert Menschen, ihren eigenen Weg zu gehen.

Weitere Informationen und Kontaktdaten auf der Internetseite www.bettinalotter.de

Vorwort

Wie schön, dass du dieses Buch in deinen Händen hältst! Es bedeutet, dass jemand – vielleicht sogar du selbst? – dir eine Freude machen und ein paar Glücksgedanken schenken möchte.

Auf den folgenden Seiten werde ich dir Sprüche, Gedanken und Anregungen mit auf den Weg geben, die auch deine Resilienz stärken. Diese Gedanken haben mich selbst inspiriert, glücklicher, zufriedener und gelassener durchs Leben zu gehen.

Ich hoffe, auch dich damit inspirieren zu können und freue mich nun sehr darüber, meine Glücksgedanken mit dir teilen zu dürfen.

Bettina Lotter
RESILIENZTRAINERIN

Draußen
ist es nicht
dunkel.

Da
leuchten
die
Sterne!

Dieser erste Gedanke ist für mich etwas ganz Besonderes! Ich erkläre dir gerne, warum:

Es war ein kalter, dunkler Winterabend vor einigen Jahren: Ein stressiger Arbeitstag lag hinter und die Aufgaben eines chaotischen Haushalts vor mir. Ich steckte mitten im abendlichen Familien-Alltagstrubel, ohne so recht zu wissen, wo mir der Kopf steht. Ich trieb mal wieder meine Tochter an, sie solle sich nun endlich ein bisschen beeilen, denn draußen sei es ja auch schon ganz dunkel.

Mit dem feierlichen Brustton der Überzeugung einer damals 3-jährigen entgegnete sie mir: „Mama. Draußen ist es nicht dunkel. Da leuchten die Sterne!" Dieser Satz hat mich damals so gepackt und mir schlagartig den Druck und die Hektik genommen, die ich mir zum großen Teil selbst gemacht hatte.

Ich habe mein Hamsterrad für einen Moment verlassen und mit meiner Tochter am Fenster gestanden und in die Schwärze der Nacht geblickt. Nicht allzu lange. Nur einen Moment. Doch dieser Moment hat mir (und auch meiner Tochter) so viel Ruhe und Kraft geschenkt – manchmal habe ich das Gefühl, noch heute davon zu zehren, wenn ich daran zurückdenke.

Wie oft gehen wir über den Zauber des Alltags, die Wunder der Natur oder die Schönheit der Chance hinweg und übersehen dabei das Licht in all dem Dunkel?

Diese herzerwärmende Aussage „Draußen ist es nicht dunkel. Da leuchten die Sterne!" erinnert mich noch heute daran, dass die kleinen achtsamen Momente im Leben den wahren Zauber enthüllen können. Diese achtsamen Momente brauchen nichts Großes von uns, sie benötigen nicht viel Zeit, Geld, Kraft, Kenntnisse oder Fähigkeiten. Achtsame Momente benötigen nur eines: unsere Bereitschaft, kurz inne zu halten und neugierig hinzuschauen oder hinzuhören – nichts weiter. Und sie schenken so viel.

Nun möchte ich dir diesen Gedanken schenken. Und wenn du irgendwann in deinem Leben mal einen dunklen Moment haben solltest, denke daran: da leuchten auch Sterne! Manchmal dauert es einfach ein bisschen, ehe wir sie sehen können.

Tiefe
Atemzüge
sind wie kleine
Liebeserklärungen
an deinen
Körper.

Diesen Glücksgedanken habe ich kürzlich gelesen – ich weiß leider nicht mehr wo. Aber er ist in meinen Gedanken hängengeblieben, denn ich finde, die Aussage so schön – und vor allem so treffend!

Laut meinen Recherchen im Internet kann ein Mensch bis zu 60 Tage ohne Nahrung überstehen. Bis zu 3 Tage kann ein Mensch ohne Wasser überleben. Jedoch in der Regel nur 3 Minuten ohne Sauerstoff.

Dieses Lebenselixier wird so sehr unterschätzt – gerade auch deshalb, weil wir unserer Atmung im Normalfall weiter gar keine Beachtung schenken (brauchen). Sie kommt und geht, ganz wie von selbst. Doch die Atmung ist weitaus wichtiger für unsere Gesundheit und unser Wohlbefinden, als wir denken.

Zurzeit lese ich ein Buch, das sich mit der Atmung befasst („Breath. Atem" von James Nestor). Ein unerwartet spannendes Thema. Ruhige tiefe Atemzüge – vorzugsweise durch die Nase – schenken uns Ruhe, Entspannung und gleichzeitig Energie. Der Herzschlag wird ruhiger, Stresshormone werden abgebaut und damit der Stress reduziert.

Lasse deshalb immer wieder ganz bewusst frischen Sauerstoff tief in deine Lungen strömen und spüre, wie er jede einzelne Körperzelle mit Energie versorgt.

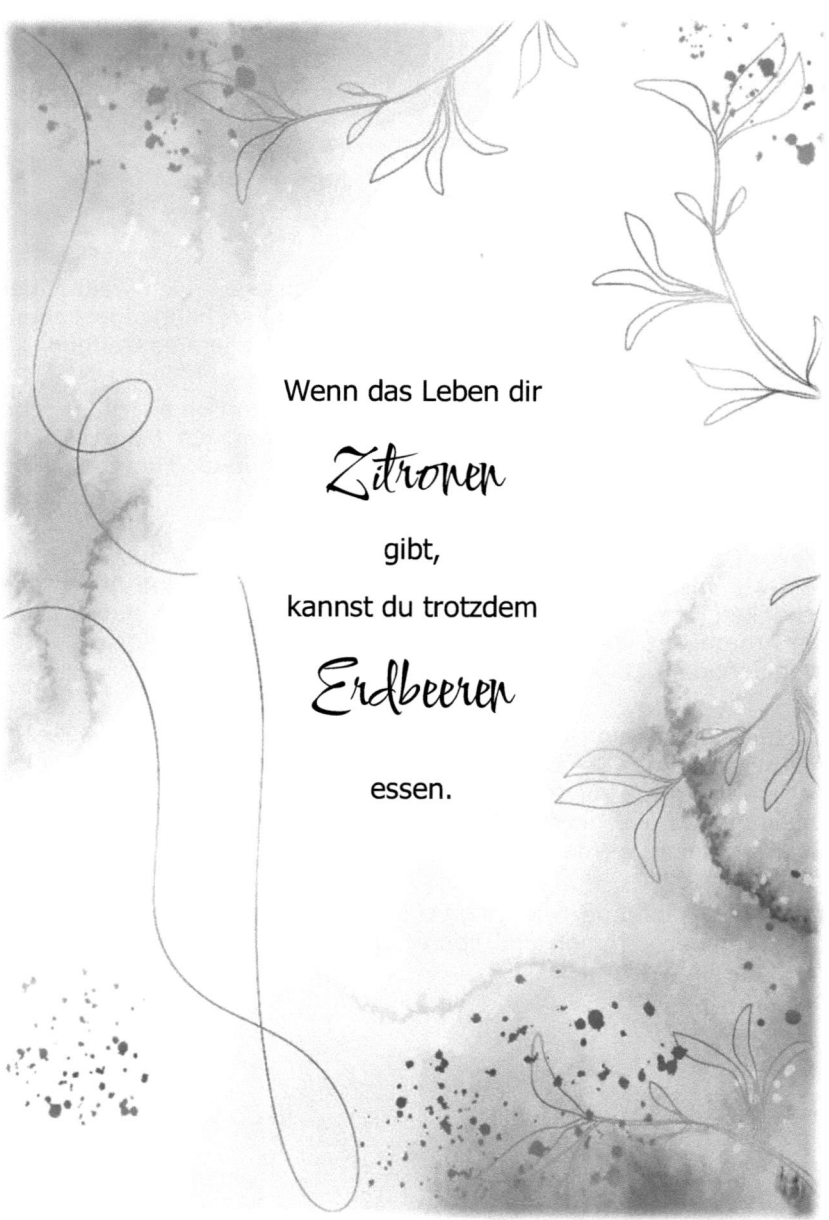

Wenn das Leben dir

Zitronen

gibt,
kannst du trotzdem

Erdbeeren

essen.

Dieses Zitat habe ich mir aus dem Buch von René Träder („Das Leben so: Nein! Ich so: Doch!") entliehen. Was mir an diesem Satz so gut gefällt, ist der Gedanke dahinter: Dass wir selbst oftmals einen viel größeren Entscheidungs- und Gestaltungsspielraum haben, als wir meinen.

Wir brauchen nicht immer alles, was so von außen an uns herangetragen wird, aufgreifen und „das Beste daraus machen" (was im Falle der Zitronen gemeinhin dann wohl die Limonade wäre...). Nein, wir können auch entscheiden ganz bei uns, unseren Bedürfnissen und unseren Werten zu bleiben.

Eigenverantwortung ist hierbei das entscheidende Element. Wir sind nicht permanent Opfer der äußeren Umstände, sondern können eigenverantwortlich unser Leben in die Hand nehmen und im Rahmen unserer Möglichkeiten frei gestalten.

Und das sollten wir auch so oft wie möglich tun. Wer einzelne Augenblicke bewusst gestaltet, geht verantwortungsbewusst mit seinem Leben um.

Dankbarkeit

ist das
Geheimnis des Glücks.

Warum Dankbarkeit wichtig ist?

- Du entwickelst eine Grundzufriedenheit.
- Du lernst, Dinge positiver zu sehen.
- Dein Bedürfnis nach Konsum sinkt.
- Du siehst den Sinn hinter allem klarer.

Wie du deine Dankbarkeit steigern kannst?

Die Pragmatiker unter uns würden vielleicht schlicht sagen: „Einfach machen".

Gerade bei der Dankbarkeit bietet es sich an, eine Routine zu etablieren, um sie nicht im Alltagsgeschehen unter den Tisch fallen zu lassen.

Um eine Routine, also eine neue Gewohnheit, erfolgreich zu etablieren, hilft es ungemein, darauf zu achten, dass die Routine zu dir und deinem Alltag passt. Hier einige Ideen für deine Dankbarkeitspraxis:

- Dankbarkeitstagebuch führen (wahlweise morgens und/oder abends)
- Dankbarkeitsspaziergänge unternehmen (beim Spazierengehen 5 Dinge überlegen, für die du dankbar bist)
- Dankbarkeitspraxis mit bereits bestehender Routine verknüpfen (z. B. während oder nach dem Zähneputzen)

Um den größtmöglichen Nutzen daraus zu ziehen, ist es essentiell, deine Dankbarkeit nicht nur zu denken, sondern vor allem zu spüren. Denn das führt dazu, dass du in eine höhere/andere Energie kommst, was wiederum all die positiven Effekte weiter verstärkt.

Deshalb meine Frage an dich? Wofür kannst du in diesem Moment dankbar sein? (Denke daran: oft sind es die kleinen, unscheinbaren Dinge...) Und dann: fühle dich in deine eigene Dankbarkeit – und schenke dir ein Lächeln 😊

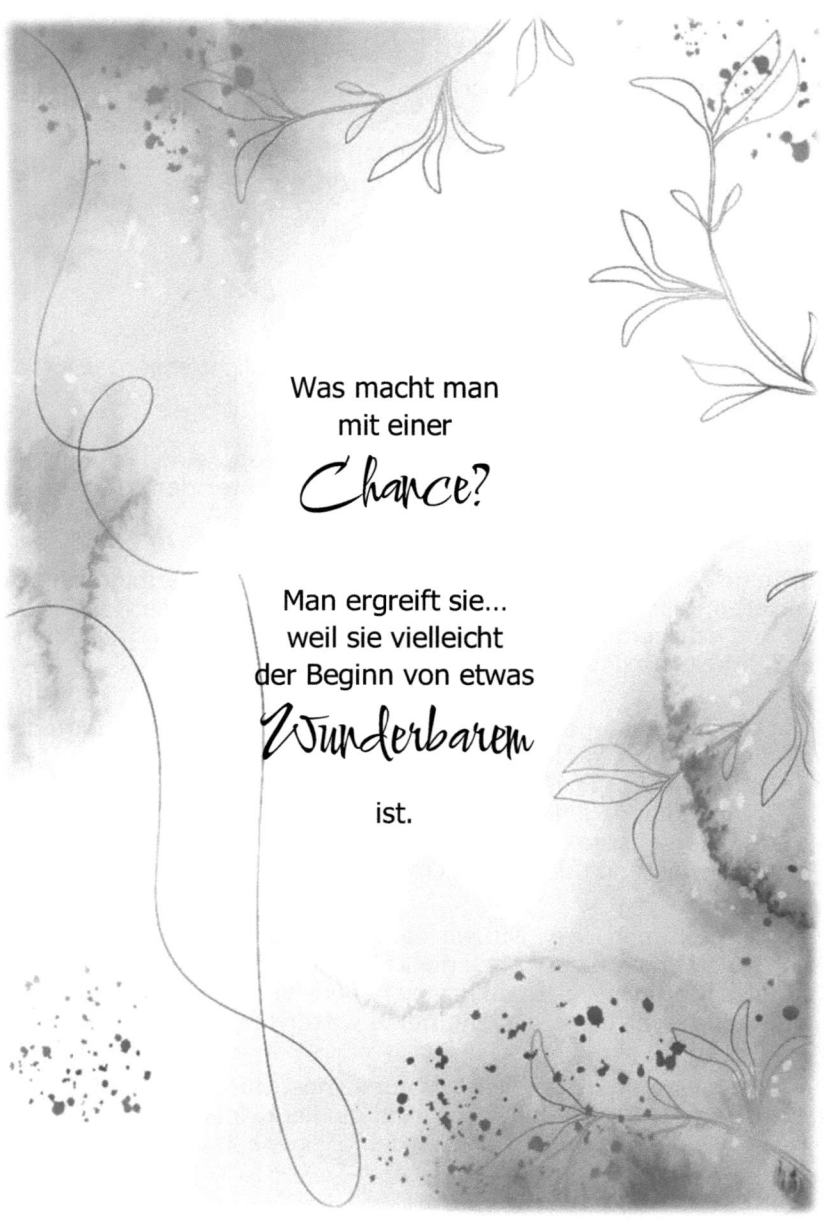

Was macht man
mit einer

Chance?

Man ergreift sie...
weil sie vielleicht
der Beginn von etwas

Wunderbarem

ist.

Diese Aussage habe ich aus dem zauberhaften Buch von Kobi Yamada („Was macht man mit einer Chance?"). In diesem Bilderbuch geht es um die Angst, möglicherweise zu viel zu riskieren, um zu bekommen, was man will.

Doch was sind Chancen überhaupt? „Chancen sind Einladungen zu großen Abenteuern, Tickets für unvergessliche Erlebnisse und Türen zu ganz neuen Welten. Chancen helfen dir zu sehen, wer du bist, was du willst und wohin du möchtest. Egal wie alt du bist, lass dich inspirieren, die Chancen zu ergreifen, die das Leben dir bietet. Weil du nie weißt, ob diese Chance diejenige sein könnte, die alles verändert." So heißt es in der Buchbeschreibung.

Ich möchte damit auch dich ermutigen, deine Augen und dein Herz für mögliche Chancen zu öffnen und nach ihnen zu greifen, wenn sie dir begegnen.

Was daraus wird, kann dir im Vorfeld natürlich keiner sagen, aber es besteht zumindest die Möglichkeit, dass es etwas Wunderbares wird – ist das nicht Grund genug, einen Versuch zu wagen?!

Mit diesem Glücksgedanken wünsche ich dir einen wundervollen Tag und (mindestens) eine reizvolle Chance!

Deine Seele
nimmt auf Dauer die

Farben der

Gedanken

an.

Kennst du das? Die Gedanken kreisen um die Probleme und Sorgen, um die Hindernisse und Missgeschicke. Dann erscheint das Leben meist schwarz-weiß. Und wenn dem so ist, zeigt sich oftmals auch ganz stark die Tendenz zu schwarz, statt zu weiß.

Stopp!

Erinnere dich in solchen Momenten daran, dass es mehr als nur schwarz-weiß gibt. Es gibt nicht nur unterschiedliche Grau-Abstufungen, sondern eine breite Palette an Farben. Manche sind strahlend schön, andere ganz zart. Und alle gehören dazu. Lass auch die leichten, strahlenden Gedanken zu und lass auf Dauer deine Seele in den buntesten Farben erleuchten.

Werde vom Problemsucher zum Lösungsfinder. Wie das geht? Verändere die Fragen, die du dir stellst. Frage dich, was du zur Lösung beitragen kannst. Befasse dich mit dem, was dir Freude bereitet und wichtig ist. Lass deine Seele in den buntesten Farben strahlen!

Zeit

zu haben ist immer eine
Entscheidung.

„Ich habe keine Zeit.“

versus

„Ich nehme mir dafür keine Zeit.“

Mal ehrlich: Wie oft sagst du den Satz „Ich habe keine Zeit!“?

Unsere Sprache hat Einfluss auf unsere Gedanken und unser Empfinden. Mach doch mal einen kleinen Selbsttest: Schließe deine Augen und fühle in dich hinein, was es mit dir macht, wenn du erst den einen, dann den anderen Satz sagst – „Ich habe keine Zeit.“ und „Ich nehme mir dafür keine Zeit.“

Der eine Satz lässt uns passiv sein und die Opferhaltung einnehmen. Der andere Satz lässt uns aktiv, frei und ehrlich sein.

Gerade für die „Harmoniesüchtigen“ unter uns mag der Satz „Ich nehme mir dafür keine Zeit“ noch eine gewisse Herausforderung darstellen. Falls das bei dir so ist, empfehle ich ggf. eine kleine Abmilderung zu verwenden: „Dafür nehme ich mir jetzt keine Zeit.“

Gleichzeitig möchte ich daran erinnern, dass niemandem gedient sein wird, wenn wir unsere eigenen Bedürfnisse und unser eigenes Energielevel permanent hintenanstellen. Ich lade vielmehr dazu ein, deine eigenen Prioritäten zu setzen, im Einklang mit deinen eigenen Werten zu leben und zum aktiven Gestalter deines Lebens zu werden.

Wenn du immer wieder
dieselben Gedanken denkst,
bekommst du immer wieder
dieselben Ergebnisse.

Du bist

Schöpfer

deines Lebens.

Ich freue mich, diesen Gedanken mit dir zu teilen. Er kommt zugegebenermaßen ein bisschen tröge daher, aber wenn er mal mit allen Konsequenzen durchdacht und schließlich zu den eigenen Gunsten angewandt wird, hat dieser Gedanke eine solche Schubkraft für unser ganz persönliches Glücksempfinden, dass er in unserer Sammlung der Glücksgedanken einfach nicht fehlen darf. Auch wenn er sich vielleicht erst irgendwann viel später in seiner ganzen Tragweite erschließt.

Es gibt einen Kreislauf, der unsere Realität bestimmt:

Unsere **Glaubenssätze und Überzeugungen** sind die Brille, durch die wir die Welt sehen. Sie haben maßgeblichen Einfluss auf unsere **Gefühle und Gedanken**, diese wiederum bestimmen unsere **Handlungen**, die ihrerseits bestimmte **Ergebnisse** nach sich ziehen. Und diese Ergebnisse bestärken schlussendlich wieder unsere Glaubenssätze.

In den meisten Fällen, sind wir uns unserer Glaubenssätze gar nicht bewusst. Die eigenen Glaubenssätze zu identifizieren und dann auch zu hinterfragen (Ist das denn wirklich wahr?) sind die notwendigen ersten Schritte, dem eigenen Leben eine neue Richtung bzw. mehr Tiefe zu geben.

Der Kreislauf, der unsere Realität bestimmt, wird fortbestehen. Doch neue Glaubenssätze und Überzeugungen lassen uns die Welt anders sehen, was zu neuen Gedanken und neuen Gefühlen führen wird. Diese wiederum werden uns andere Handlungen durchführen lassen und andere Ergebnisse nach sich ziehen. Und diese neuen Ergebnisse werden unsere neuen Glaubenssätze bestärken... und so weiter.

Es lohnt sich also zu verstehen, wie wir selbst die Welt sehen, wie wir ticken und aktiv zu hinterfragen, ob das wirklich in unserem Sinn ist. Wenn ja: prima! Wenn nein, dürfen wir neue Gedanken einfließen und zu Überzeugungen werden lassen. Du hast es in der Hand, als Schöpfer deines Lebens!

Je
stiller

du bist,
desto mehr
kannst du
hören.

Dieser Gedanke aus Japan zählt für mich persönlich mit zu den wichtigsten, dieser Zeit. Ich möchte gerne erklären, was er für mich bedeutet, bzw. was ich damit verbinde.

Gerade aktuell gibt es gefühlt ein ganzes Heer von Menschen, die uns sagen wollen, was wir zu tun und zu lassen, zu lieben und zu hassen haben. In vielen Fällen steckt noch nicht einmal eine böse Absicht dahinter. Doch was ist das Ergebnis dieser immer lauter werdenden Rufe, wie ein gutes Leben zu erreichen sei? Wir überhören mehr und mehr unsere eigene Stimme, verlieren die Verbindung zu uns selbst.

So wird die Suche nach uns selbst und nach unserem persönlichen Glück immer schwieriger. In meinen Augen lautet daher der wichtigste Rat: nimm dir Zeit für dich und die Dinge, die dir wichtig sind. Gehe mit dir selbst in den Dialog. Höre hin. Höre wieder deine eigene Stimme, um dann den eigenen Weg gehen zu können.

Und genau da setzt für mich dieser Satz an. Wir dürfen lernen, in Stille hinzuhören, was uns unsere innere Stimme, unsere Intuition sagen will. In einer Welt, die zusehends lauter, bunter, schriller wird, ist das manchmal ganz schön herausfordernd. Wir entfernen uns nur allzu leicht von unserer Intuition.

Viele Menschen brauchen daher nicht noch ein Buch, noch einen Podcast, noch ein Seminar – was sie brauchen ist eine echte Verbindung zu sich selbst. Gehörst du auch dazu?

Mein Tipp lautet: Nimm dir immer wieder ein, zwei Momente und spüre in dich hinein. Welche Gefühle und Gedanken hast du? Was brauchst du? Lausche auf deine Intuition. Vertraue ihr. Und folge ihr. Beginne im Kleinen und sieh, wie es dir damit geht.

Zauberfrage:

Will ich das?

Der heutige Gedanke – vielmehr die heutige Frage schenkt dir wieder mehr Klarheit, wenn du gedanklich um ein Problem oder eine Herausforderung kreist und nicht so recht weißt, wie es weiter gehen soll, wie du wieder Verantwortung übernehmen und zum Gestalter deines Lebens werden kannst.

Je nachdem, welches Wort in dieser Frage betont wird, verändert sich dein Fokus. Der 3-Klang der Frage stößt eine ganze Gedankenkette an, die dich ein gutes Stück voranbringen kann. Nimm dir deshalb gerne ein bisschen Zeit dafür (aber keine Sorge es wird nicht länger dauern, als dich weiter gedanklich im Kreis zu drehen, in der Opferrolle zu verharren und keinen Schritt weiter zu kommen 😊).

Und so geht's: Denke an ein aktuelles Problem oder eine große Herausforderung in deinem Leben.

1. Überlege dir, was passieren wird, wenn du dich weiterhin so verhältst wie jetzt. Anschließend überlege, was passieren könnte, wenn du dich anders verhältst. Stelle dir dazu jeweils die Frage: Will ich **DAS**?
   Auf diese Weise wirst du dir darüber bewusst, dass dein Verhalten Einfluss auf dein Hier und Jetzt sowie auf deine Zukunft hat. (Kleine Anmerkung: Da es im Leben so viele Variablen gibt, ist es natürlich nicht möglich zu 100 Prozent Einfluss zu nehmen. Andererseits brauchen wir aber auch dem Schicksal nicht die vollen hundert Prozent überlassen 😊)

2. Komme nun noch einmal zu deinem konkreten Problem bzw. deiner Herausforderung und frage dich: Will **ICH** das? Möglicherweise merkst du, dass du nur im Sinne von anderen handelst. Wie geht es dir damit? Wenn es für dich okay ist – prima. Wenn nicht, überlege dir, was DU denn eigentlich willst.

3. Abschließend stelle dir die Frage: **WILL** ich das? Wünschen kann man sich schließlich viel, aber die Motivation, die hinter dem Wunsch steht, entscheidet darüber, ob etwas ein Traum bleibt oder ob man wirklich dazu bereit ist, ins Handeln zu kommen (und im Handeln zu bleiben, auch wenn es nicht direkt klappt).

Du trägst
schon alles
in dir,
um

bedeutsame

Dinge zu tun.

So viele von uns streben danach, wirklich große Dinge zu erreichen. Oft zögern wir jedoch, verwechseln *bedeutsam* mit *perfekt* oder denken: „Ich brauche erst den richtigen Abschluss, einen bestimmten Kontostand, den richtigen Partner, das richtige Gewicht, ... um etwas Bedeutsames sagen, schaffen oder bewirken zu können."

Der heutige Gedanke trägt für mich persönlich verschiedene Botschaften in sich:

1. Du hast so viel zu bieten – und das liegt bereits in dir!
2. Was genau *bedeutsam* ist oder nicht, liegt ganz und gar in deinem Ermessen!
3. Auch (und gerade) kleine Dinge, können bedeutsam sein!

Ist uns ein Wert wichtig, so können auch schon kleine, „unscheinbare" Dinge bedeutsam sein. Ein Beispiel: Wenn dir der Wert „Freundlichkeit und Höflichkeit" wichtig ist, können ein offenes Lächeln oder ein freundlicher Gruß für dich bedeutsam sein. Diese kleinen Dinge können für unser Miteinander eine so große Rolle spielen, weil sie sich fortpflanzen, verstärken und potenzieren.

Die Frage, die du dir heute stellen kannst, wenn du mit dem diesem Glücksgedanken arbeiten willst, lautet: *Was ist mir wichtig – was hat Bedeutung für mich?*

Wenn du darauf eine Antwort gefunden hast, beginne mit der kleinstmöglichen Handlung, die diesen Wert von dir erfüllt – so wie eben beschrieben mit der Freundlichkeit und Höflichkeit.

Kleiner Fakt am Rande: Im Einklang mit deinen eigenen Werten zu leben und zu handeln stärkt deine Resilienz! ☺

Freundlichkeit in Worten
schafft

Vertrauen.

Freundlichkeit im Denken
schafft

Tiefe.

Freundlichkeit im Geben
schafft

Liebe.

Diese drei Sätze habe ich kürzlich auf einer Karte gelesen. Sie stammen von Khalil Gibran. Ich möchte zu diesem Gedanken gar nicht so viel schreiben, sondern die Sätze einfach für sich stehen und in dir klingen lassen.

Ergänzend für dich vielleicht noch ein paar Fragen dazu: Was bedeuten diese Aussagen für dich? Kannst du dem zustimmen? Wie drückst *du* Freundlichkeit aus? Wie nimmst du Freundlichkeit wahr? Was kannst du heute tun, um ein klein wenig Freundlichkeit in die Welt zu tragen?

Atmen

Lächeln

Innehalten

Hier möchte ich dir eine kleine Übung vorstellen, mit der du dein aktuelles Stresslevel aktiv und ohne „großes Brimborium" reduzieren kannst.

Ich lade dich dazu ein, es einfach mal auszuprobieren und selbst nachzuspüren, was es mit dir macht:

Schließe sanft deine Augen. Nimm drei tiefe Atemzüge durch die Nase in deinen Bauchraum. Wenn du magst, denke dabei an einen schönen Ort, an dem du dich wohlfühlst. Schenke dir anschließend ein Lächeln.

Auf diese Weise kannst du dir immer und überall eine kleine Insel der Entspannung schaffen.

Die Macht der

Gewohnheiten

ist nicht zu unterschätzen.

Deine Gewohnheiten
können deinen Tag sowohl
positiv, als auch negativ

beeinflussen.

Gewohnheiten sind wiederkehrende Handlungen, die sich in der Vergangenheit (zunächst bzw. vermeintlich) bewährt haben. Manchmal stellt sich im Laufe der Zeit heraus, dass gewisse Gewohnheiten unerwünschte Ergebnisse in unser Leben ziehen – beispielsweise die überschüssigen Pfunde durch die „Endlich-Feierabend-Schokolade".

In den letzten Jahren wurde viel im Bereich der positiven Psychologie geforscht. Vielleicht hast du auch bereits von der ein oder anderen „empfehlenswerten Gewohnheit" gehört, die dir das Leben erleichtern oder verschönern soll. Es gibt natürlich Gewohnheiten, oder sagen wir lieber Gewohnheitsfelder, die nachweislich einen positiven Einfluss auf unsere mentale, emotionale sowie körperliche Gesundheit haben.

Ich werde dir hier jedoch keinen ultimativen Ratschlag dazu geben, was du dir ab sofort zur Aufgabe machen sollst, der dir garantiert ein erfüllteres Leben zu haben – denn ich bin der Meinung, diese eine, universelle Gewohnheit gibt es nicht.

Ich möchte dich hier vielmehr dazu einladen, dir für ein bis zwei der folgenden Bereiche etwas auszudenken, was du gut in *deinen* Alltag integrieren kannst – und es dann natürlich auch zu tun ☺

Damit du dich jeden Tag daran erinnerst, notiere dir deine neuen Gewohnheiten und am besten auch gleich den Grund, warum du diese neue Gewohnheit einführen möchtest. Um neue Gewohnheiten langfristig zu etablieren, dauert es etwa 66 Tage. Deshalb wie immer mein Hinweis: wähle im Zweifel lieber kleine Veränderungen, die du dann aber leichter und dauerhaft umsetzen kannst.

Gewohnheitsfeld	Neue Gewohnheit
Dankbarkeit	
Entspannung	
Bewegung	
Sozialer Umgang	

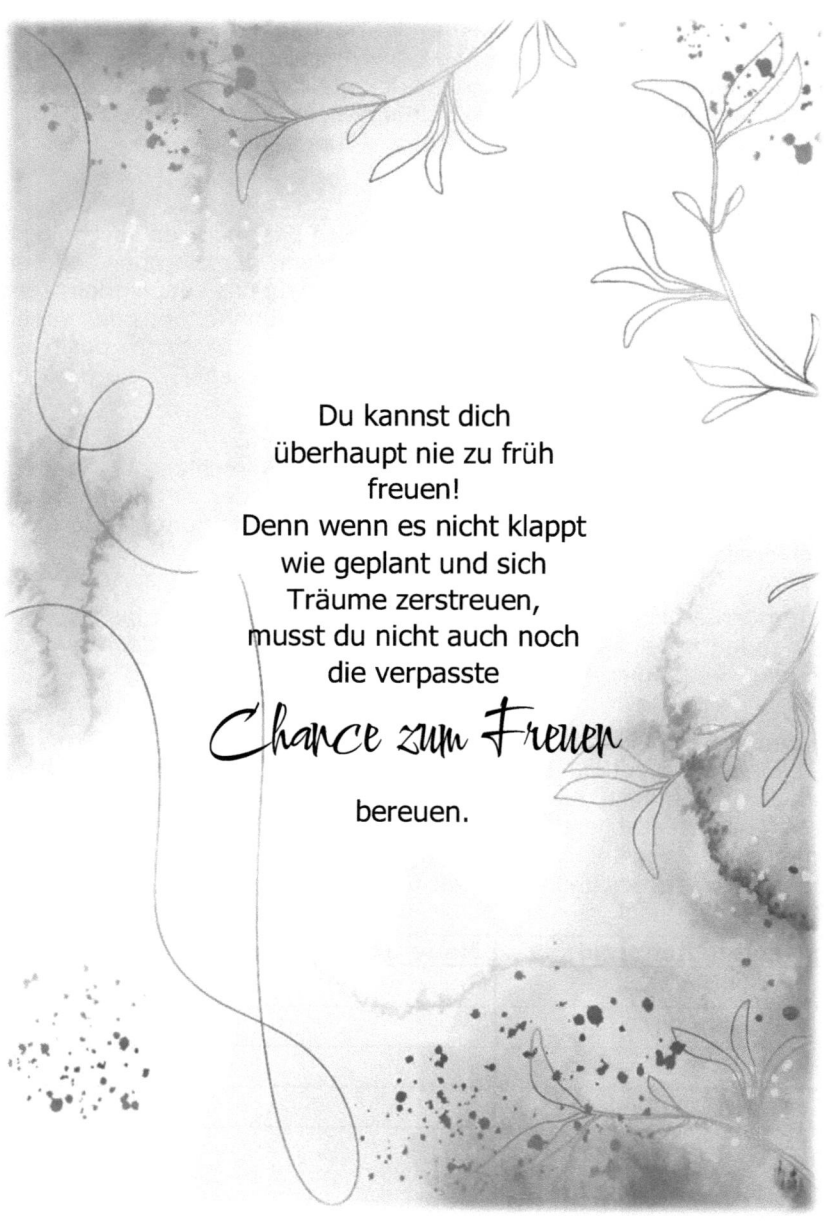

Du kannst dich
überhaupt nie zu früh
freuen!
Denn wenn es nicht klappt
wie geplant und sich
Träume zerstreuen,
musst du nicht auch noch
die verpasste

Chance zum Freuen

bereuen.

Hand aufs Herz: Wer bremst sich in seiner Freude regelmäßig selbst aus, weil ja eventuell doch noch etwas schiefgehen oder die nächste Katastrophe schon auf dich warten könnte? Vielleicht erscheint dir auch aufrichtige Freude gerade aus irgendeinem Grund nicht angemessen? Wie schade!

Während wir in unserem Hamsterrad stecken und unseren Zielen hinterherhasten, verschieben wir unsere leichten und glücklichen Momente nur allzu oft auf das Wochenende, den nächsten Urlaub oder in noch weitere – nicht näher definierte – Ferne.

Was dabei aber wichtig ist zu wissen: Es hilft unserem seelischen Gleichgewicht und dient dem Erhalt unserer psychischen Gesundheit, wenn wir auch der Freude, dem Glück, der Leichtigkeit und der Ausgelassenheit Raum geben in unserem Leben – ich präzisiere sogar noch: in unserem Alltag! So laden wir unseren Akku wieder auf für Phasen, in denen uns das Leben mal wieder nicht so leicht von der Hand geht.

Wenn du also den Anflug von Freude, aufkeimende Vorfreude, Spaß am Sein oder irgendeine andere glückliche Regung in dir verspürst, genieße es in vollen Zügen, koste es aus und lass es zu! Wirf dein Glück in die Waagschale – es wird dich aufladen, stärken und damit besser im Gleichgewicht halten, wenn es wieder turbulenter wird! Es steht dir zu, jedem Tag ein bisschen Leben in Form von Freude oder Dankbarkeit einzuhauchen. Nichts, aber auch wirklich gar nichts rechtfertigt den freiwilligen Verzicht auf diese Kraftquelle, die du bereits in dir trägst!

Du weißt bereits: Ich bin ein Freund der kleinen Schritte und der kleinen Dinge. Sieh dich heute mal um. Worüber kannst du dich freuen? Wie nimmst du deine Freude wahr? Wo spürst du sie im Körper? Wie drückst du sie aus? Was kannst du heute dazu beitragen, ein oder zwei freudige Momente zu erleben?

Vergebung

verändert nicht deine
Vergangenheit.

Aber sie bereichert deine
Zukunft.

Die ganze Wirkkraft dieses Glücksgedankens kannst du erst dann in vollem Ausmaß ermessen, wenn du ihn tatsächlich umsetzt – und dann (das verspreche ich!) wirst du begeistert sein!

Erinnerst du dich an eine Situation, in der dir – vielleicht sogar mutwillig – Unrecht getan wurde? Wenn die damit verbundene Verletzung groß genug war, kennst du vielleicht auch den Wunsch nach Rache und Vergeltung, zumindest aber Wut und Missgunst – selbst, wenn der Vorfall schon sehr lange Zeit zurück liegt.

Gefühle wie Wut schenken uns sehr viel Energie – aber wofür möchtest du diese Energie einsetzen? Destruktiv oder lieber konstruktiv?

Wenn wir Vergebung nicht als Geschenk an den Verursacher unserer Verletzung, sondern als *Geschenk an uns selbst* betrachten, für mehr Freiheit in unserem Denken und Handeln, ist es viel leichter loszulassen.

Es geht dabei nicht im Geringsten darum, erlebtes Unrecht zu rechtfertigen oder gar gutzuheißen. Es geht darum, loszulassen, um die Hände wieder frei zu haben, für die eigenen Belange.

Und weißt du, wem wir viel zu selten vergeben? Uns selbst. Vorwürfe, die wir gegen uns selbst richten, treffen uns gleich doppelt hart. Du darfst dir selbst vergeben und deine Energie lieber dafür nutzen, es künftig besser zu machen, statt dich selbst weiter für dein Fehlverhalten zu geißeln und fertig zu machen.

Ich wurde kürzlich danach gefragt, welche Affirmation dabei unterstützen kann, sich selbst zu vergeben. Den Satz, der mir dafür in den Sinn kam, möchte ich hier gerne auch mit dir teilen, weil ich glaube, dass er richtig wohltuend wirken kann. Spür mal rein, wenn du ihn dir sagst: *„Auch wenn ich einen Fehler gemacht habe, liebe und akzeptiere ich mich so wie ich bin."*

Wir bereuen oft die Dinge,
die wir nicht getan haben,
weitaus mehr, als die,
die wir getan haben.

Riskiere, dich

mit ganzem Herzen

auf etwas einzulassen.
Riskiere, albern auszusehen.

Stelle

Mut

über
Bequemlichkeit.

Auch diesen Glücksgedanken habe ich kürzlich gelesen und gleich notiert. Es stimmt: viele Menschen, die am Ende ihres Lebenswegs stehen, bereuen, sich nicht mehr getraut, ihre Gefühle offen ausgesprochen oder ein Abenteuer gewagt zu haben.

Wir brauchen nicht bis zum Ende unseres Lebens zu warten, um die Wahrheit dieser Aussage bestätigen zu können. Wenn wir zurückblicken, geht es uns doch jetzt schon oft genug so, dass wir eher jene Dinge bereuen, die wir gerade *nicht* getan, umgesetzt, in Angriff genommen haben, statt das, was wir zwar getan haben, was aber nicht so richtig gelungen ist.

In der Rückschau sind die glücksbringenden Momente doch in aller Regel die, in denen wir etwas gewagt haben. In denen wir unsere Komfortzone ein kleines Stück verlassen und neue, vielleicht auch unerwartete Dinge erfahren haben.

Es hat mit Mut zu tun, sein Glück in die Hand zu nehmen. Angst kommt nicht selten Hand in Hand mit Mut. Die Angst zeigt an, dass uns etwas wichtig ist, dass wir unsere Aufmerksamkeit darauf lenken dürfen. Von der Angst brauchen wir uns daher nicht zwingendermaßen von unserem Vorhaben abhalten lassen.

Ein weiteres Mal möchte ich auch hier auf die kleinen Dinge verweisen: Du hast so richtig Lust mal wieder ins Kino zu gehen, aber keiner kommst mit? Dann geh doch mal alleine! Es schneit und du möchtest ein paar Schneeflocken mit der Zungenspitze fangen? Mach den Mund auf! Dein Lieblingslied kommt im Radio? Dreh auf, singe und tanze mit!

Und wenn du erkennst, was es mit dir und deiner Stimmung macht, wenn du mutig *deinen* Weg gehst, dann wage dich mehr und mehr vor, bis du deine sehnlichsten Träume angehen kannst. Es steckt in dir!

Halt!
Stopp!
Bleiben
Sie
ruhig!

Diesen Gedanken habe ich meinem wunderbaren Lebensgefährten zu verdanken. Er gibt ihn immer dann zum Besten, wenn irgendjemand meint aus irgendeinem Grund durchdrehen zu müssen. Und er trägt ihn mit ruhiger, bestimmter und wohlwollender Stimme vor. Ich habe diesen Gedanken zwischenzeitlich in mein ständiges Gedankenrepertoire zur Selbstregulierung aufgenommen.

Wenn sich mal wieder die Gedanken überschlagen oder der innere Perfektionist dich zu weiteren unerreichbaren Höchstleistungen antreiben will, ist dieser Gedanke Gold wert! Was schenkt uns dieser Gedanke? Er unterbricht unser sorgenvolles, problemorientiertes Gedankenkarussell, erdet, führt zu innerer Ruhe und Fokus.

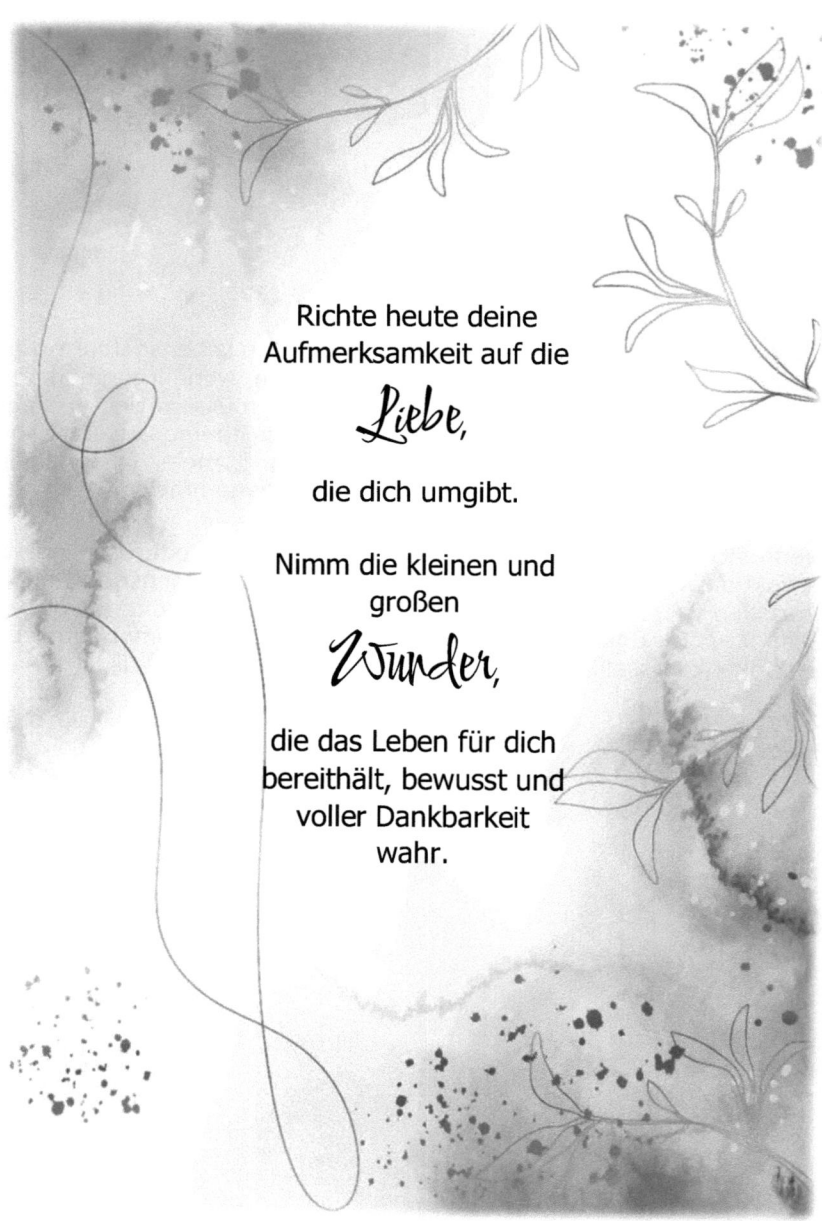

Richte heute deine
Aufmerksamkeit auf die

Liebe,

die dich umgibt.

Nimm die kleinen und
großen

Wunder,

die das Leben für dich
bereithält, bewusst und
voller Dankbarkeit
wahr.

Du brauchst nicht in einer Partnerschaft (glücklich, oder nicht) zu sein, um voll und ganz in Liebe aufgehen zu können. Du brauchst auch nicht mit all deinen Mitmenschen gleichermaßen gut auszukommen, um Liebe in deinem Leben wahrzunehmen. Du brauchst keine perfekte Kindheit gehabt zu haben, um nun selbst Liebe empfangen und geben zu können.

Manchmal ist es nötig, etwas genauer hinzusehen, doch sie ist stets da – die Liebe! So wie die Sonne immer da ist, auch wenn dicke graue Wolken den Himmel verhängen, oder die Nacht hereinbricht – die Sonne ist dennoch immer da.

In welchen kleinen Gesten, Worten, Taten kannst du heute Liebe entdecken? Und wem kannst du heute etwas von deiner Liebe schenken?

Du darfst

mit allem rechnen

– auch mit dem

Guten!

Dieser Glücksgedanke wird dir dann zugutekommen, wenn du dir Sorgen darum machst, ob deine Pläne und Ziele Erfolg haben werden.

Optimisten haben zwar nicht häufiger Recht als Pessimisten, leben aber deutlich glücklicher und entspannter.

Wenn wir uns den Ausgang unserer Vorhaben ausmalen, sind wir völlig frei in unseren Vorstellungen. Wir können damit rechnen, dass uns etwas misslingen und gründlich schieflaufen wird. Wir können aber auch damit rechnen, unseren Weg erfolgreich zu gehen, unsere Ziele zu erreichen oder angenehmen Überraschungen zu begegnen. Es ist letztlich deine Entscheidung, was du dir vorstellen, womit du rechnen möchtest.

Wenn ich dir jedoch nun sage, dass unsere Energie unseren Gedanken folgt („Energy goes where attention flows!"), wäre es jedoch mehr als ratsam, mit dem Guten zur rechnen! Zumal ja auch der Weg (also die positiven Gedanken) mehr Spaß macht... 😊

Wenn du bisher gewohnt warst, eher mit dem Schlimmsten zu rechnen, dann erlaube dir, künftig auch mal positive Ergebnisse auszumalen.

Gib
niemals
auf.

Vor allem
nicht
dich selbst.

Mir ist wichtig, bei diesem Glücksgedanken keine Missverständnisse aufkommen zu lassen. Deshalb ein paar erläuternde Worte dazu:

Blind und bedingungslos und verbissen an einmal getroffenen Entscheidungen festzuhalten und Aufgeben noch nicht mal in Betracht zu ziehen, meint dieser Gedanke für mich nämlich gerade nicht. Für mich geht es eher darum, sich selbst treu zu bleiben, sich selbst ein gelingendes Leben zu ermöglichen – und das kann auch mal bedeuten, alte Ziele und Entschlüsse zu hinterfragen und zu verwerfen.

In unserer Gesellschaft im Allgemeinen und der Arbeitswelt im Besonderen wird oftmals erwartet, dass wir alles geben, auch wenn wir dabei regelmäßig über unsere eigenen Bedürfnisse hinweggehen. Und das verrückte ist – diese Erwartungshaltung kommt gar nicht immer nur von außen, sondern oft genug auch aus uns selbst.

Dieser Glücksgedanke bedeutet für mich deshalb einerseits, natürlich nicht gleich hinzuwerfen, wenn wir einem Hindernis begegnen. Gleichzeitig bedeutet er für mich: Auch immer wieder mal das Ziel, das erreicht werden soll, zu hinterfragen. Passt es (noch) zu meinen Werten? Bin ich (noch) bereit, den Preis dafür zu zahlen?

Schenke dir ein Lächeln! Du gehst *deinen* Weg, also ist es der *richtige* Weg.

Das Leben ist immer *für* dich.

Ich weiß, es gibt Momente, in denen dieser Gedanke schwer zu glauben ist. Was bitte, soll daran *für* mich sein, wenn ich von einer schweren Krankheit getroffen bin oder einen lieben Menschen verloren habe?

Ich sage nicht, dass alles gut und leicht zu ertragen ist. Mit ein bisschen Abstand zeigt sich jedoch meist, dass auch ein Fünkchen Gutes darin zu erkennen ist, wenn wir einer Krise oder großen Herausforderungen gegenüberstehen.

Die schwere Krankheit kann beispielsweise dazu führen, dass nun Prioritäten anders gesetzt werden und das Leben mehr Tiefgang bekommt. Der Verlust eines lieben Menschen kann dazu führen, dass sich im eigenen Leben neue Türen öffnen und die gemeinsame Zeit als stärkender Erinnerungsschatz unser Herz bereichert.

Das Leben als solches ist nicht dein Feind. Es ist dein Freund und Verbündeter. Und jeden Tag aufs Neue reicht es dir die Hand, um gelebt zu werden.

Wenn etwas
Außergewöhnliches
in deinem Leben auftaucht,
wünsche ich dir,
dass du erkennst,
was es ist...

ein Geschenk!

Hast du schon mal eingefahrene Routine und Eintönigkeit in deinem Leben beklagt? Und dann passiert mal etwas Unvorhergesehenes und prompt passt es dir auch nicht?

So oft sind diese unerwarteten Wendungen des Lebens aber gerade das Salz in der Suppe. Selbst die auf den ersten Blick unangenehmen Überraschungen oder gar Herausforderungen bergen ein großes Geschenk für uns: Wachstum!

Ich hoffe, du siehst Geschenke nicht nur an Weihnachten und Geburtstagen. Ich hoffe, du siehst Geschenke, auch wenn sie nicht verpackt und mit Schleife versehen überreicht werden. Ich hoffe, du siehst Geschenke, auch wenn sie erstmal unansehnlich, ja vielleicht sogar ärgerlich sind.

Schön,
dass
es

dich

gibt!

Es gibt Momente, in denen wir es fast vergessen: Unser Leben ist ein Geschenk, ein Wunder! Rund 100.000 Mal pro Tag schlägt dein Herz für dich. Einfach so, ohne dass du darüber nachdenken oder etwas dazu beitragen musst. Lege einmal deine Hand auf dein Herz und spüre deinen Herzschlag. In unermüdlich frohem Schlag lässt es dich wissen: Schön, dass es dich gibt!

Du brauchst nichts Bestimmtes leisten, du brauchst nichts Bestimmtes haben oder darstellen – es ist einfach nur schön, dass es dich gibt. Und zwar genau so, wie du bist!

Danke, dass es dich gibt!

Freude,

Glück,

Zufriedenheit

geht jetzt.

Jetzt.

Und nicht erst bald.

Der letzte Gedanke dieser Glücksgedanken-Sammlung ist eine Erinnerung daran, dass unser wahres Zuhause der gegenwärtige Augenblick ist.

Der Augenblick ist der einzige, der wirklich in unserer Hand liegt.

Gestern? Schon vorbei. Morgen? Kommt erst noch. Hier und Jetzt ist die Zeit, die wir gestalten, leben und wahrhaft lieben können.

Quellenangabe

Meine größte Quelle für die Glücksgedanken in diesem Buch ist das Leben. Diese Glücksgedanken begegneten mir im Laufe der Jahre - inzwischen sogar schon Jahrzehnte - auf der Straße, im Radio, in Gesprächen, in Zeitschriften und Büchern – kurz überall.

Konkrete Quellen und Inspirationsgeber der vorliegenden Glücksgedanken:

Marc Aurel
(hier auf Seite 18)

Leander Greitemann, Youtube, Gedicht „Freu dich zu früh"
(hier auf Seiten 36 und 56)

René Träder, Buch, „Das Leben so: Nein! Ich so: Doch!"
(hier auf Seiten 12, 20/21, 26/27, 34)

Kobi Yamada, Buch, „Was macht man mit einer Chance?"
(hier auf Seiten 16 und 52)

Laura Malina Seiler
(hier auf Seiten 10, 22, und 40)

Raum für Notizen: